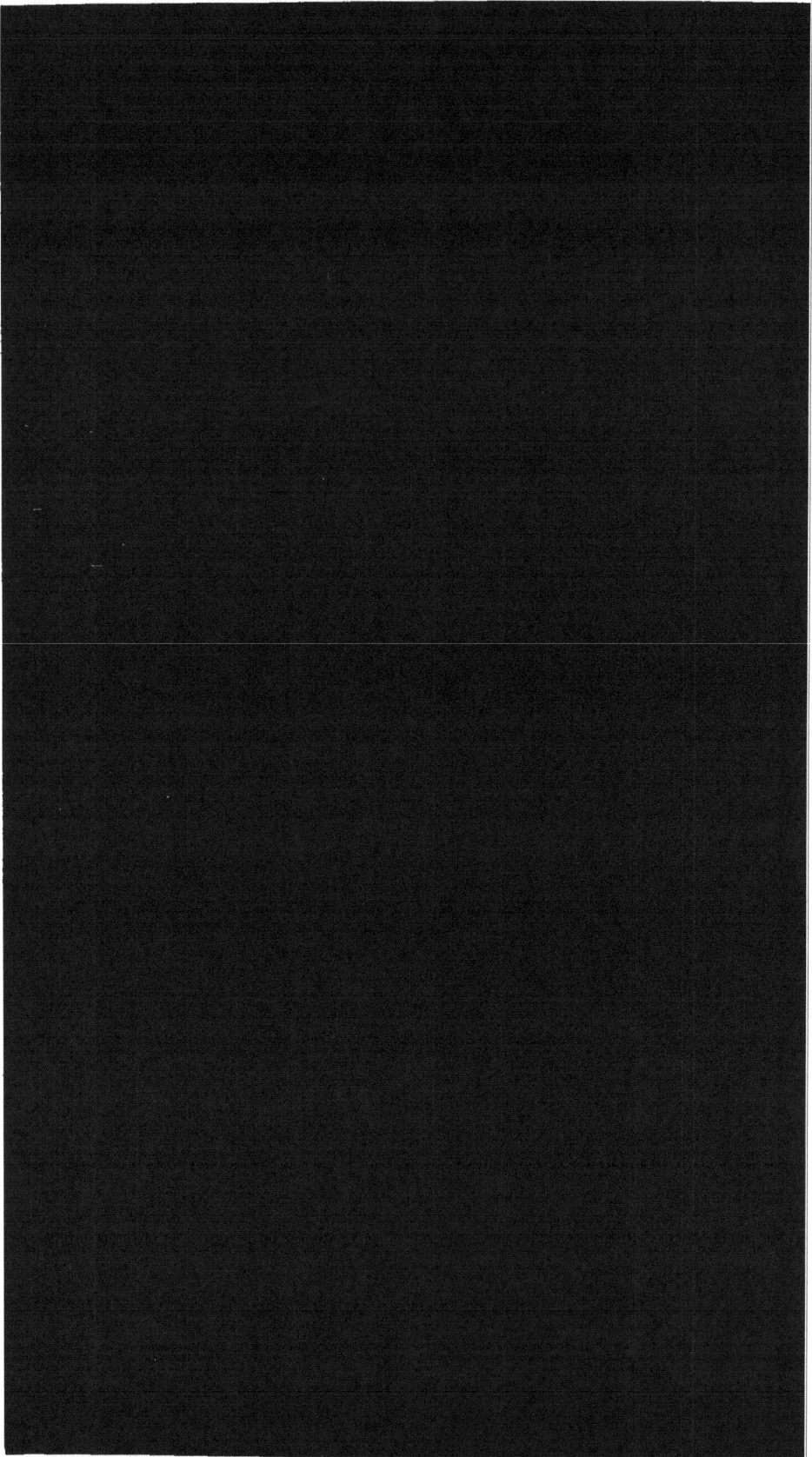

APPEL

AUX ARTISTES

Par L. CLÉMENT DE RIS.

PRIX : 50 CENTIMES.

PARIS,

PAUL MASGANA, ÉDITEUR,

GALERIE DE L'ODÉON, 12.

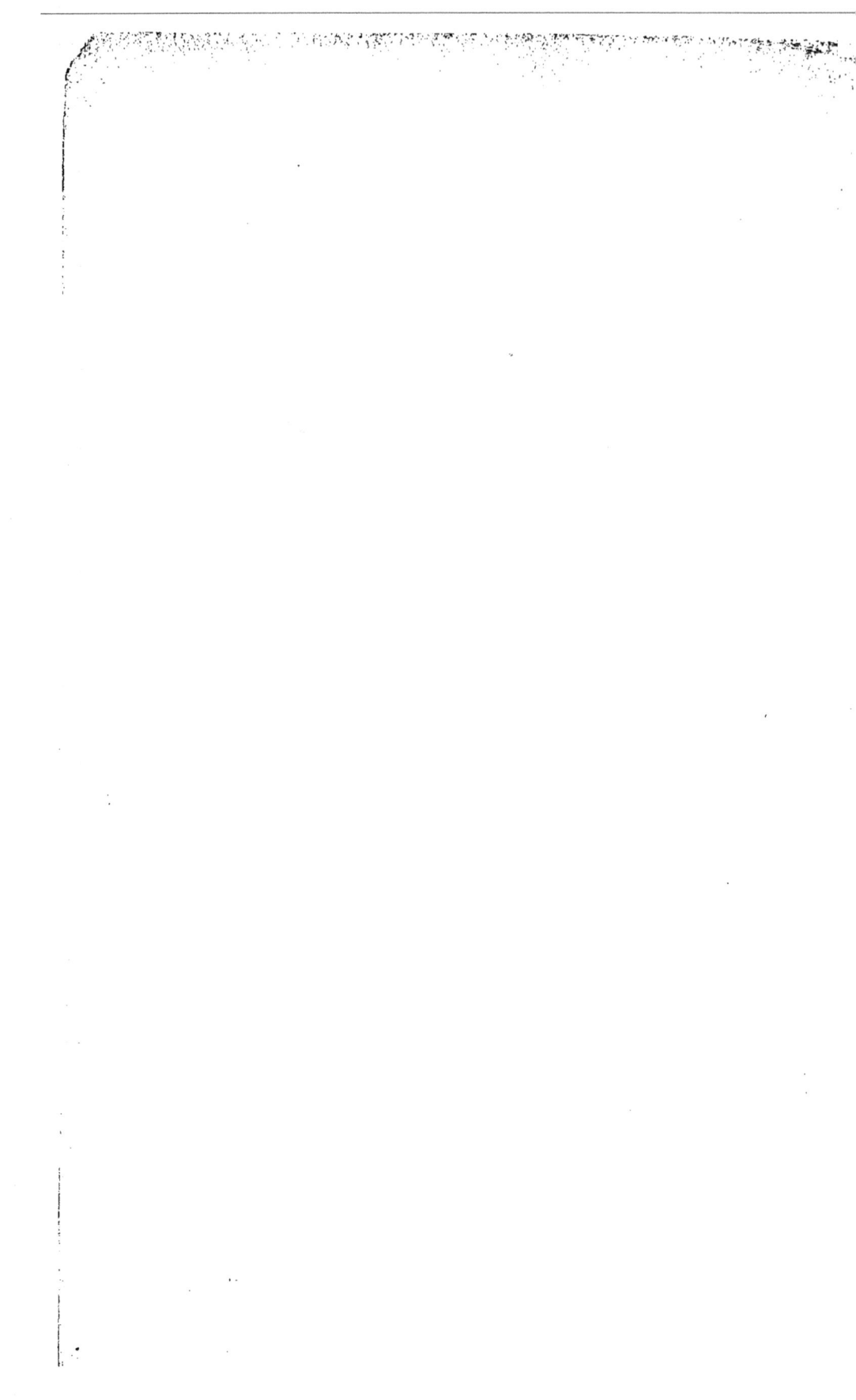

DE L'OPPRESSION

DANS LES ARTS

ET

DE LA COMPOSITION D'UN NOUVEAU JURY D'EXAMEN
POUR LES OUVRAGES PRÉSENTÉS AU SALON DE 1847;

Par **L. CLÉMENT DE RIS**

PARIS,

PAUL MASGANA, ÉDITEUR,

GALERIE DE L'ODÉON, 12.

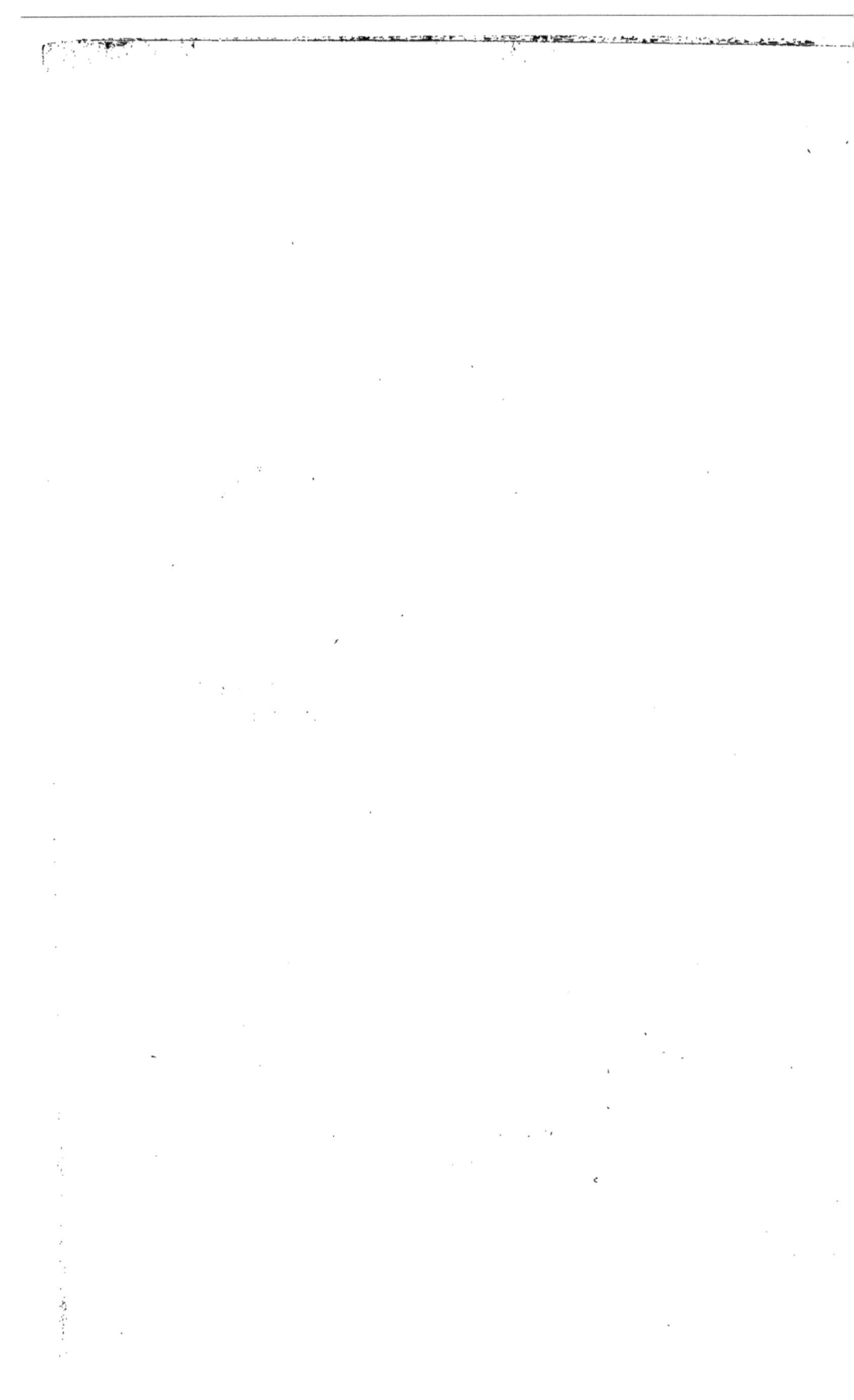

DE L'OPPRESSION

DANS LES ARTS

L'injuste exclusion dont une partie des artistes est victime à notre époque n'est pas un fait qui se produise en France pour la première fois. De tout temps il a existé entre les académies et les artistes qui ne voulaient pas se soumettre à leurs règles, à leurs lois, des luttes où les puissants ont étouffé les faibles et plongé leur nom dans l'oubli. L'histoire de ces luttes, qui n'a jamais été écrite, se rattache à l'histoire des arts en France, grand ouvrage à faire et qui ne sera peut-être jamais fait. Quoi qu'il en soit, nous croyons utile d'en rappeler les traits les plus saillants, et nous allons essayer d'en esquisser le tableau rapide.

« L'Académie de Saint-Luc, ou la maîtrise des peintres de Paris, dit Piganiol de la Force, fut établie le 12 août 1391, *pour relever l'art de peinture et pour corriger les abus qui s'y étaient introduits*. Le prévôt de Paris fit assembler les peintres de cette ville, et, sur leur avis et consentement, il fit dresser des règlements et des statuts comme dans les corps de métiers, y établissant des *jurés* et des gardes pour faire la visite et examiner la matière desdits ouvrages, *leur donnant pouvoir d'empêcher de travailler tous ceux qui ne seraient point de leur communauté.* »

Il est facile de se figurer combien ces règlements durent engendrer d'abus et de tyrannies; mais l'histoire des arts, à cette époque, est trop peu connue pour que nous puissions les signaler.

Sous la minorité de Louis XIV, l'Académie de Saint-Luc était à son plus haut degré de puissance. « Les artistes qui la composaient tourmentaient si cruellement ceux qui n'étaient point de leur communauté, qu'ils les forçaient ou de renoncer à leur art, ou de payer une forte somme pour entrer dans la confrérie. Il n'est sorte de persécutions qu'ils n'employassent contre les peintres et les sculpteurs qui voulaient jouir de la liberté et de la franchise qui appartiennent naturellement aux arts et qui ne leur ont jamais été contestées ailleurs qu'en France. » Enfin, ils en vinrent au point de vouloir imposer leurs lois au roi lui-même, et présentèrent, en 1646, une requête au parlement, par laquelle ils demandaient : « que le nombre des peintres de la maison du roi fût réduit à quatre ou six tout au plus, et autant pour la reine, auxquels seuls il serait permis, lorsqu'ils ne seraient point employés par le roi, de travailler en chambre pour les maîtres; que défenses leur fussent faites d'entreprendre aucun ouvrage desdits arts, soit pour des églises ou pour des particuliers, à peine de confiscation desdits ouvrages et de 500 livres d'amende; qu'ils ne pourraient, sous les mêmes peines, tenir boutique ouverte ni exposer en vente aucun tableau ni autres ouvrages ; qu'à l'égard de la reine, le décès d'icelle dame arrivant, ses peintres et sculpteurs *ne pourraient plus exercer leur profession* s'ils n'étaient maîtres de la communauté et maîtrise de la ville de Paris. »

Cette requête fut suivie d'une foule d'autres si acharnées et si nombreuses, qu'en 1647, les artistes poursuivis s'entendirent entre eux pour demander au roi l'autorisation d'établir de leur côté « une école ou académie royale, où ils s'exerceraient en des études publiques et montreraient à la jeunesse à dessiner d'après le naturel (1). »

Cette demande, rédigée par Lebrun, était en outre signée par François Perrier, Sébastien Bourdon, Henri Beaubrun, Laurent de Lahyre, Michel Corneille, Juste d'Egmont, Charles Errard, Eustache Lesueur, peintres ; Jacques Sarrazin, Simon Guillain et Gérard Van Obstal, sculpteurs.

Elle fut lue en plein conseil, le 20 janvier 1648, en présence du roi, de la reine-mère et des princes. Anne d'Autriche était si indignée de l'insolence de l'Académie de Saint-Luc, qu'elle voulait immédiatement supprimer la maîtrise. Le conseil rendit un arrêt favorable, et un nouveau privilége fut établi sous le nom d'Académie royale de Peinture et de Sculpture. Remarquons en passant que, pas plus que l'Académie française, cet établissement ne fut institué par le roi, mais seulement autorisé par lui. Les pre-

(1) C'est-à-dire, ajoute Piganiol, d'après un homme nu qu'on pose en diverses attitudes, ce que l'on a toujours nommé depuis modèle ou académie.

miers académiciens ont toujours fait les frais de leur société.

Cette académie naissante eut longtemps à lutter contre
celle des maîtres; mais, forte de l'appui du roi, de la pro-
tection du chancelier Séguier, du cardinal Mazarin et de
Colbert, elle finit par dominer son aînée et devint à son tour
persécutrice. Abraham Bosse nous a laissé un récit animé de
ses tracasseries. Quelques élèves ayant ouvert, en 1662,
une école particulière de modèle, Lebrun la fit fermer, malgré les réclamations des élèves, qui firent observer dans une
requête : « 1° que le lieu où se tenait l'Académie royale
était trop éloigné; 2° que les professeurs négligeaient leurs
fonctions; 3° qu'on leur avait fait espérer d'y dessiner sans
payer; 4° qu'on n'y donnait point de leçons de géométrie
et de perspective. »

L'Académie royale obtint un arrêt qui défendit, sous les
peines les plus sévères, d'établir à l'avenir de pareilles
écoles.

L'année suivante, Lebrun, pour se venger de Mignard
qui avait refusé de faire partie de l'Académie, provoqua un
arrêt qui obligeait tout artiste à s'unir à l'Académie ou à la
maîtrise. Mignard se mit à la tête des maîtres qui lui dé-
cernèrent le titre de prince de l'Académie de Saint-Luc, et
la lutte continua avec plus d'acharnement que jamais. C'était
une question de vie ou de mort. Nous avons une estampe,
de l'année 1664, qui a pour titre : *L'Académie des maîtres
peintres détruite par l'Académie royale.*

A la mort de Lebrun, en 1690, Mignard le remplaça
comme peintre du roi et directeur de son Académie; la

communauté des maîtres fut abandonnée à elle-même. Quelques années plus tard les rôles étaient entièrement changés; les anciens persécuteurs n'avaient plus d'asile; nous les voyons, en 1705, obligés, à leur tour, d'avoir recours au roi pour obtenir le droit de tenir une école publique de dessin et d'y entretenir un modèle. Tandis que les expositions faites au Louvre, par l'Académie royale, faisaient connaître les noms et œuvres de ses membres, l'ancienne Académie de Saint-Luc, repoussée loin du jour et du mouvement, obtenait à grand'peine et rarement un local qui lui était aussitôt disputé. Ainsi nous la trouvons, en 1751, dans une salle des Grands-Augustins; en 1752, dans une salle de l'Arsenal; en 1764, à l'hôtel d'Aligre; en 1774, à l'hôtel Jabach, rue Neuve-Saint-Merry. Ce fut une de ses dernières stations. Elle expira, en 1776, sous le poids d'un arrêt qui détruisit ses statuts, et l'Académie royale n'eut pas honte d'insulter à sa chute en inscrivant sur son nouveau sceau cette devise : *Libertas artibus restituta.*

Telle fut la fin d'une corporation dont l'existence remontait à près de quatre siècles et dont l'histoire serait celle de l'art national, depuis Charles VI jusqu'à Henri IV. Malheureusement ses archives, ses collections (1) furent dispersées. « Un amateur des arts que leur gloire anime, s'écrie un contemporain, ose encore, malgré l'égoïsme et l'envie, parler des artistes qui formaient autrefois l'ancienne Académie de Saint-Luc. » Puis il déplore « l'anéantissement

---

(1) Chaque membre était obligé en entrant de fournir un morceau de réception qui demeurait la propriété de l'Académie.

d'une école où se formèrent autrefois ces artistes fameux, l'honneur et l'élite des artistes français, la dispersion des tableaux précieux où le jeune artiste puisait des lumières, l'extinction des moyens qui annonçaient leur talent. »

Cependant une société d'artistes libres se forma la même année et ouvrit une exposition au Colysée, sous le nom de Salon des Arts, mais l'Académie s'empressa de le faire fermer. Les artistes libres ne furent pas plus heureux dans leurs autres emplacements; toujours le directeur-général des bâtiments et les académiciens pourvurent à ce que les salles d'exposition leur fussent fermées. Ce ne fut qu'en 1789 que ces artistes purent exposer librement dans une salle de vente de la rue de Cléry qu'ils louèrent à leurs frais.

A l'approche du Salon de 1791, les académiciens firent tout leur possible pour conserver le privilége d'exposer seuls au Louvre. Cet avis n'était pourtant pas celui de tous. Sur les trois pétitions qui furent adressées à l'assemblée nationale à ce sujet, la première était faite au nom des artistes libres qui demandaient l'admission égale au Salon du Louvre; mais les deux autres étaient l'œuvre : l'une d'académiciens qui réclamaient eux-mêmes pour que l'arène fût ouverte à tous indistinctement, et l'autre du peintre du jeu de Paume. « Les artistes privilégiés, disait David, réclament la conséquence et l'application des principes constitutionnels, conséquence qui doit les faire jouir des avantages résultant d'une exposition commune. Cependant l'Académie de peinture s'occupe encore des moyens d'éluder les conséquences de vos lois, et, malgré la pénurie des ouvrages faits par ses membres dans le cours de ces deux dernières années, malgré le vide inévitable qui en résulterait dans ce Salon, elle a résolu d'accaparer toutes les places en reproduisant de nouveau des ouvrages déjà vus dans les précédentes expositions pour se ménager une espèce d'impossibilité de partager l'emplacement avec les artistes non privilégiés. J'ai déjà annoncé publiquement la répugnance que j'avais à m'associer à ces vues particulières, et je forme des vœux pour que tous les artistes soient également admis dans l'exposition qui doit avoir lieu cette année. »

Barrère, rapporteur de ces pétitions, fit observer que le procédé exclusif de l'Académie pour l'exposition des tableaux était aux artistes ce que la censure était aux gens de lettres, une entrave odieuse. « Le Salon du Louvre, dit-il, est la presse pour les tableaux, pourvu qu'on respecte les mœurs et l'ordre public. » L'assemblée nationale décréta séance tenante (21 août 1791) que tous les artistes français ou étrangers, membres ou non de l'Académie, seraient également admis à exposer leurs ouvrages dans la partie du Louvre destinée à cet objet. Elle vota, la même année, une somme de 70,000 livres pour être employée aux travaux d'encouragements accordés aux artistes qui se feraient connaître lors de l'exposition. Ces travaux et récompenses furent distribués par un *jury nommé par les artistes exposants* et composé de quarante membres, dont vingt élus parmi les académiciens et vingt parmi les non académiciens.

L'Académie ne fut supprimée définitivement que le 8 août 1793, deux jours avant l'ouverture du Salon. On se tromperait, du reste, en supposant que l'école de David dictait des lois aux artistes de cette époque. « Que le génie prenne enfin un libre essor, qu'il ne se traîne plus sur des traces rebattues, que, volant de ses propres ailes, il nous offre ses productions, et on ne verra plus cette longue succession d'artistes uniformes se copier servilement, mais une imitation variée de la nature, selon la diversité du génie de l'imitateur; il n'y aura plus ni style, ni manière académique, mais, à leur place, le vrai, le naturel. » Tel était le langage du temps; il faisait appel aux individualités au moment où allait se former une école qui devait les absorber.

Une phrase du livret de 1795 prouve aussi que cette exposition fut libre. « Les concours vraiment utiles sont les expositions publiques et sans exception; si elles ont l'inconvénient d'entendre se mêler dans ce concert quelques voix faibles et discordantes avec d'excellents chanteurs, il est léger pour le bien qui en résulte. »

La création de l'Institut, qui eut lieu le 17 octobre 1795, n'apporta aucune entrave à la liberté des expositions. Le but de cette institution n'avait aucun rapport avec celui des académies. C'était un résumé des connaissances humaines; les artistes devaient en faire partie. Sur les cent quarante-quatre membres qui le composaient, on comptait six peintres, six sculpteurs et six architectes. L'École des Beaux-Arts ne fut rétablie que quelques années plus tard, et n'était pas, comme aujourd'hui, sous la dépendance de l'Institut.

Le Salon de 1796 fut encore libre. « A Londres, l'exposition a lieu tous les ans, dit la préface du livret. On assure qu'un jury rejette les ouvrages trop médiocres et l'on ajoute qu'il en rejette beaucoup. Les arts ont-ils gagné en Angleterre depuis que cet usage y existe? »

Le jury commence à reparaître en 1798. Nous ignorons comment il était composé; ce qu'il y a de certain, c'est que les réclamations furent instantanées. « Pourquoi donc, s'écriaient les artistes, contre l'esprit de constitution qui a détruit toutes les corporations, faire revivre l'Académie royale de peinture? Si on a voulu rejeter des talents trop faibles encore pour paraître dans la lice, pourquoi des talents trop faibles ont-ils depuis longtemps le droit d'y paraître, et ne seraient-ils pas soumis à l'examen du jury qu'on vient de former? Le jury a allégué pour prétexte de ce rejet qu'on n'avait point d'emplacement assez grand pour tous les ouvrages qui auraient été présentés; mais si l'on eût bien voulu, l'emplacement aurait été tout aussi considérable qu'il le fallait. D'ailleurs on pouvait engager les artistes à n'envoyer qu'un certain nombre de tableaux. » Ces réclamations atteignirent leur but, car, l'année suivante, l'administration eut soin d'annoncer en tête du livret de 1799 qu'il n'y avait point eu de jury pour l'admission des ouvrages présentés. Mais en même temps le ministre de l'intérieur croyait devoir rappeler aux artistes qu'ils devaient s'attacher « au talent d'exécution pur et sévère puisé par la nouvelle école française dans l'étude de la nature et de l'antiquité. »

A partir de ce moment, l'école de David régna en souveraine, et si pendant l'empire elle a étouffé quelques talents qui aient essayé de se produire en dehors de son système, le bruit de leurs plaintes s'est perdu dans l'enthousiasme général. Rappelons seulement Prudhon dédaigné, privé de travaux, « et notre admirable Gros qui, selon l'expression de M. Eugène Delacroix, malgré l'éclat de ses premiers succès, était alors comme une espèce d'hérétique au milieu de ses confrères. »

La restauration, en désorganisant l'Institut, essaya de rétablir les académies, et la 4e classe de l'Institut devint l'Académie royale des Beaux-Arts. David fut exilé et .« ses élèves, a dit fort justement M. Jeanron, trouvèrent le courage d'accepter l'hérédité d'une organisation abolie par les conseils de leur maître. » C'était précisément à l'époque où un nouveau mouvement commençait à se manifester dans les arts. Géricault avait exposé en 1812 son *Hussard;* il donna en 1819 *le Naufrage de la Méduse.* C'est ici le cas de rappeler les termes avec lesquels les académiciens reçurent cette glorieuse manifestation de la vie et du sentiment. « L'action de ce tableau est faible et bien peu sentie; où en est le centre? A quel personnage paraît-elle se rattacher principalement, et quelle est l'expression générale du sujet? Des cadavres à moitié submergés, des morts et des mourants, des hommes livrés au désespoir et d'autres qui sentent un faible rayon d'espérance, tels sont les éléments de cette composition *que l'artiste n'a pu ordonner d'une manière satisfaisante. Quant à l'exécution, elle laisse beaucoup à désirer, et le dessin est loin d'être correct...* QUEL ÉDIFICE PUBLIC, QUEL PALAIS DE SOUVERAIN, QUEL CABINET D'AMATEUR POURRAIT ADMETTRE CE TABLEAU! » (Salon de 1819, par Landon, peintre, correspondant de l'Institut.)

Quelques années plus tard, *le Radeau de la Méduse,* que les académiciens auraient voulu réduire aux proportions d'un tableau de marine, prenait place dans le grand salon du Louvre parmi les chefs-d'œuvre des maîtres, et le mouvement en reçut une nouvelle impulsion que ne put arrêter le jury lors de l'exposition de 1827.

Celle de 1831 montra dans toute son importance la révolution qui s'opérait dans les arts. Là se produisirent au grand jour et beaucoup pour la première fois la plupart des artistes qui honorent aujourd'hui l'école française; nous n'en donnerons pas la nomenclature; que chacun repasse dans sa mémoire les noms de ceux que le jury a constamment refusés depuis, en tout ou partie.

Ce fut en 1833 que l'Académie, constituée seul juge des expositions (1), entra dans ce système de rigueur dont elle ne s'est pas départie depuis cette époque. Elle possède aujourd'hui par les Salons et l'École des Beaux-Arts la même puissance que l'ancienne Académie royale, et le petit nombre de ses membres rend son influence encore plus despotique et plus dangereuse. Autrefois le nombre des académiciens était illimité. L'Académie royale, lors de sa suppression,

---

(1) Nous avons pris à tâche de ne citer aucun nom ; car les récriminations personnelles ne sont ni dans notre intention ni dans notre caractère. L'article 5 du règlement de l'exposition est ainsi conçu : « Le jury spécial sera composé des quatre premières sections de l'Académie des Beaux-Arts, peinture, architecture et gravure. »

Chacun peut donc ouvrir l'Almanach royal et y lire les noms de ses juges. Nous ferons seulement observer que comme parmi les peintres, les sculpteurs et les graveurs, il y en a au moins la moitié que leur âge, leurs travaux, leur absence de Paris ou leur découragement éloignent des délibérations, la majorité est formée à bien peu de chose près par les architectes. Le cas d'absence de la plupart des membres est si bien prévu par le règlement qu'il suffit, dit-il, de neuf membres pour qu'un objet puisse être jugé. Ainsi huit architectes peuvent se trouver contre un seul peintre dans l'appréciation d'un tableau. Nous n'essaierons pas de faire ressortir l'absurdité d'un pareil système; il est d'ailleurs jugé depuis longtemps.

comptait près de cent cinquante membres, peintres, sculpteurs ou graveurs. Les architectes formaient une académie à
part, ce qui était plus logique. Aujourd'hui, ces trois arts
sont représentés par vingt-six membres sur quarante; ce
nombre, que l'on a voulu considérer comme sacramentel,
est complété par des architectes et des musiciens. Certes, si
on nous proposait de reconstituer l'Académie telle qu'elle
existait en 1789, nous y trouverions un grand avantage, car
il faudrait nécessairement qu'elle se recrutât dans toutes les
écoles, tandis que l'Académie actuelle trouvera toujours
moyen de fermer ses portes à ceux qui ne partagent pas ses
répugnances.

Nous avons démontré, par les faits qui précèdent, qu'à
toutes les époques, les académies, les écoles, ont abusé de
leur ascendant pour repousser loin du jour toutes les idées
qui ont voulu se produire en dehors de leurs systèmes, et
nous sommes en droit d'affirmer qu'en 1847 les expositions ne sont pas plus libres qu'en 1789. Si elles ne sont
plus réservées aux seuls académiciens, elles sont placées
directement sous leur férule, et leurs jugements sont sans
appel. Est-il aujourd'hui un seul artiste qui, en présen-
tant ses ouvrages au Salon, puisse être certain de ne pas
essuyer un refus humiliant? Nous n'en connaissons pas
un, et nous en savons qui, pour n'avoir jamais échoué,
n'en tremblent pas moins chaque année à l'ouverture du
Salon. Et qu'on ne vienne pas nous dire que les artistes peuvent protester par des expositions particulières : quelques-
uns en ont essayé plusieurs fois; quels résultats ont-ils
obtenus? D'autres ont complétement renoncé à envoyer au

Salon, dans quel but? Espèrent-ils donner des remords à leurs juges, ou faire tomber les expositions du Louvre? Ils se trompent; le jury serait encore plus sévère et plus injuste, il ne donnerait ses voix qu'aux œuvres les plus médiocres, que le Louvre n'en attirerait pas moins la foule et les artistes eux-mêmes. Au lieu donc de se décourager et de se laisser faire la loi, les artistes doivent s'entendre entre eux pour qu'à l'avenir la majorité ne soit plus la victime de la minorité. Au lieu d'attendre que le jury ait décimé à tort et à travers leurs ouvrages pour protester vainement à l'ouverture du Salon, ils doivent, avant que le jury ait commencé ses opérations, se réunir pour demander des juges moins exclusifs.

Les artistes se sont entendus, il y a deux ans, pour créer une caisse de secours. Sans doute il est bien de venir en aide sur leurs vieux jours à des artistes malheureux, mais faut-il se borner à leur assurer des avantages matériels et ne serait-il pas bien aussi de leur ouvrir les portes de la publicité qui mène à la gloire et à la fortune? Sans doute il est intéressant de faire des expositions rétrospectives et d'y admettre les productions des artistes modernes, mais ces expositions particulières et payantes ne remplaceront jamais le jour éclatant qui éclaire les objets placés au Louvre devant les regards de la foule.

Que l'association des artistes prenne donc l'initiative d'une démarche tendant à dégager le Salon des obstacles qui s'y rencontrent, et elle verra ses rangs se grossir d'un grand nombre d'artistes qui s'en sont tenus éloignés jusqu'à présent.

Si nos idées pouvaient être de quelque poids dans cette occasion, voici ce que nous proposerions : le jury actuel est composé au plus de vingt membres, tous de l'Institut. Nous conservons ce nombre; seulement, ces vingt membres seraient élus par tous les artistes exposants faisant partie de l'association et seraient choisis moitié parmi les académiciens et moitié parmi les artistes exposants. Ce jury serait également appelé à statuer sur les ouvrages les plus remarquables de l'exposition, afin de mettre un terme à la manière scandaleuse dont sont distribuées les récompenses, autre abus contre lequel on a aussi vainement réclamé.

L'article 5 du règlement pourrait donc être modifié comme il suit :

Article 5. LE JURY SPÉCIAL SERA COMPOSÉ DE VINGT MEMBRES ÉLUS CHAQUE ANNÉE PAR LES ARTISTES EXPOSANTS, SAVOIR : DIX PARMI LES QUATRE PREMIÈRES SECTIONS DE L'ACADÉMIE ROYALE DES BEAUX-ARTS, ET DIX PARMI LES ARTISTES EXPOSANTS;

LE JURY SPÉCIAL SERA APPELÉ ÉGALEMENT DANS LE COURS DE L'EXPOSITION A DÉSIGNER LES OUVRAGES QU'IL JUGERA DIGNES D'ÊTRE RÉCOMPENSÉS.

Les opérations du jury doivent commencer le 21 février. Il n'y a donc pas de temps à perdre; mais l'association des artistes a prouvé dans d'autres circonstances que rien n'était impossible à son activité et à son influence.

PARIS. — IMPRIMERIE DE GERDÈS, RUE SAINT-GERMAIN-DES-PRÉS, 10.

www.ingramcontent.com/pod-product-compliance
Lightning Source LLC
Chambersburg PA
CBHW061801040426

42447CB00011B/2411